MW01170222